PLANNER

FALAR COM DEUS

2026

QUADRANTE

Planner Falar com Deus 2026

Dados Internacionais de Catalogação na Publicação (CIP)

Planner Falar com Deus 2026 - São Paulo, SP: Quadrante Editora, 2026.

ISBN 978-85-7465-963-3

1. Ano litúrgico : Meditações : Cristianismo 2. Meditações : Ano litúrgico : Cristianismo I. Falar com Deus II. Francisco Fernández-Carvajal III.

CDD 242.3

Índices para catálogo sistemático:
1. Ano litúrgico : Meditações : Cristianismo 242.3
2. Meditações : Ano litúrgico : Cristianismo 242.3

QUADRANTE EDITORA
Rua Bernardo da Veiga, 47 - Tel.: (11) 3873-2270
01252-020 - São Paulo-SP
www.quadrante.com.br | atendimento@quadrante.com.br

EDITORIAL

Dizia Santa Teresa de Jesus que, sempre que queria fazer oração, tomava nas mãos um livro: "Com ele, começava a recolher os pensamentos dispersos e, como por afagos, recolhia o espírito. Acontecia frequentemente que, só com ter o livro à mão, não era preciso mais. Algumas vezes lia pouco, outras muito, conforme a mercê que o Senhor me fazia" (*Vida*, IV, 9). E São Josemaria Escrivá aconselhava: "A tua oração deve ser litúrgica" (*Caminho*, n. 86). Nesses conselhos valiosos, sábios, teve origem a obra *Falar com Deus*, do Padre Francisco Fernández-Carvajal, autor de muitas obras espirituais populares, já traduzidas para vários idiomas. As mais de 500 meditações que ali se encontram amparam o fiel a tornar sua — pessoal, viva — a oração da Igreja — litúrgica, tesouro comum de todos.

Cada um dos seus quatro volumes contém reflexões baseadas nas leituras litúrgicas da Missa de cada dia e aborda uma ampla variedade de temas, tratados sob o ângulo da vida diária do cristão, das suas circunstâncias e das suas responsabilidades: o trabalho, os deveres de justiça, a alegria que deve sempre nos animar, a esperança que deve prevalecer às vicissitudes, a pureza de coração que nunca cessamos de buscar, as virtudes, a fidelidade, a caridade.

Para facilitar o uso desse tão rico material por parte dos leitores, a Quadrante Editora se prestou a oferecer, agora, também este singelo "quinto volume". Serve ele, em primeiro lugar, para ajudar o leitor que deseja correlacionar cada dia do calendário litúrgico com a meditação correspondente na coleção Falar com Deus. Ao mesmo tempo, servirá como apoio para a vida interior na medida em que, nestas páginas, torna-se possível tomar notas dos frutos da oração diária: intenções, bons propósitos, afetos, inspirações...

A maneira de utilizar este Planner não há de suscitar dificuldades. Basta que o leitor saiba que os algarismos romanos representam o volume em que a meditação se encontra e que o número arábico indica a meditação propriamente dita. Uma vez que, no primeiro dos quatro volumes de *Falar com Deus*, a numeração das meditações recomeça quando se passa dos tempos do Advento, Natal e Epifania para a Quaresma, Semana Santa e Páscoa, utilizaram-se as letras "A" e "B" para que a indicação da meditação ficasse mais precisa. O exemplo da página ao lado esclarece a divisão.

Que, ao registrar a dinâmica e as riquezas de sua vida interior, este volume possa ser para você, leitor, um lembrete constante da grandeza da vocação cristã e da misericórdia divina.

EXEMPLO

01/01 - QUINTA

SANTA MARIA, MÃE DE DEUS

I-38A / IV-1

VOLUME I, MEDITAÇÃO 38 DA PRIMEIRA PARTE (A)	VOLUME IV, MEDITAÇÃO 1

PRIMEIRA LEITURA — NM 6,22-27;
SALMO — SL 66;
SEGUNDA LEITURA — GL 4,4-7;
EVANGELHO — LC 2,16-21.

"Orar é **falar com Deus**.
Mas de quê?" – De quê?
D'Ele e de ti: alegrias, tristezas,
êxitos e fracassos, ambições nobres,
preocupações diárias..., fraquezas!;
e ações de graças e pedidos;
e Amor e desagravo. Em duas
palavras: conhecê-Lo e
conhecer-te – ganhar intimidade!

– São Josemaria Escrivá, *Caminho*, n. 91

2026

29/12 - SEGUNDA

SEGUNDA-FEIRA DA OITAVA DO NATAL

I-35A

30/12 - TERÇA

TERÇA-FEIRA DA OITAVA DO NATAL

I-36A

31/12 - QUARTA

QUARTA-FEIRA DA OITAVA DO NATAL

I-37A

01/01 - QUINTA

SANTA MARIA, MÃE DE DEUS

I-38A / IV-1

02/01 -SEXTA

SEXTA-FEIRA ANTES DA EPIFANIA

I-40A

03/01 -SÁBADO

SÁBADO ANTES DA EPIFANIA

I-41A

04/01 -DOMINGO

EPIFANIA DO SENHOR

I-44A / IV-2

1Jo 2,3-11;
Sl 95(96),1-2a.2b-3.5b-6 (R. 11a);
Lc 2,22-35.

1Jo 2,12-17;
Sl 95(96),7-8a.8b-9.10 (R. 11a);
Lc 2,36-40.

1Jo 2,18-21;
Sl 95(96),1-2.11-12.13 (R. 11a);
Jo 1,1-18.

Nm 6,22-27;
Sl 66(67),2-3.5.6.8 (R. 2a);
Gl 4,4-7;
Lc 2,16-21.

1Jo 2,22-28;
Sl 97(98),1.2-3ab.3cd-4 (R. 3a);
Jo 1,19-28.

1Jo 2,29-3,6;
Sl Sl 97(98),1.3cd-4.5-6 (R. 3a);
Jo 1,29-34.

Is 60,1-6;
Sl Sl 71(72),1-2.7-8.10-11.12-13 (R. cf. 11);
Ef 3,2-3a.5-6;
Mt 2,1-12.

05/01 - SEGUNDA
Segunda-feira depois da Epifania
I-43A

06/01 - TERÇA
Terça-feira depois da Epifania
I-44A

07/01 - QUARTA
Quarta-feira depois da Epifania
I-45A

08/01 - QUINTA
Quinta-feira depois da Epifania
I-46A

09/01 -SEXTA
Sexta-feira depois da Epifania
I-49A

10/01 -SÁBADO
Sábado depois da Epifania
I-48A

11/01 -DOMINGO
Batismo do Senhor
I-51A / IV-3

1Jo 3,22-4,6;
Sl 2,7-8.10-11 (R. 8a)
Mt 4,12-17.23-25.

1Jo 4,7-10;
Sl 71(72),1-2.3-4ab.7-8 (R. cf. 11);
Mc 6,34-44.

1Jo 4,11-18;
Sl 71(72),1-2.10-11.12-13 (R. cf. 11);
Mc 6,45-52.

1Jo 4,19-5,4;
Sl 71(72),1-2.14 e 15bc.17 (R. cf. 11);
Lc 4,14-22a.

1Jo 5,5-13;
Sl 147(147B),12-13.14-15.19-20 (R. 12a);
Lc 5,12-16.

1Jo 5,14-21;
Sl 149,1-2.3-4.5 e 6a e 9b (R. 4a);
Jo 3,22-30.

Is 42,1-4.6-7;
Sl 28(29),1a.2.3ac-4.3b.9b-10 (R. 11b);
At 10,34-38;
Mt 3, 13-17.

12/01 - SEGUNDA

SEGUNDA-FEIRA DA 1ª SEMANA DO TEMPO COMUM

II-1

13/01 - TERÇA

TERÇA-FEIRA DA 1ª SEMANA DO TEMPO COMUM

II-2

14/01 - QUARTA

QUARTA-FEIRA DA 1ª SEMANA DO TEMPO COMUM

II-3

15/01 - QUINTA

QUINTA-FEIRA DA 1ª SEMANA DO TEMPO COMUM

II-4

16/01 -SEXTA

SEXTA-FEIRA DA 1ª SEMANA DO TEMPO COMUM

II-5

17/01 -SÁBADO

SÁBADO DA 1ª SEMANA DO TEMPO COMUM

II-6

18/01 -DOMINGO

2º DOMINGO DO TEMPO COMUM: ANO A;
OITAVÁRIO PELA UNIDADE DOS CRISTÃOS:
PRIMEIRO DIA

II-7 / IV-4

1Sm 1,1-8;
Sl 115(116),12-13.14.17.18-19 (R. 17a);
Mc 1,14-20.

1Sm 1,9-20;
1Sm 2,1.4-5.6-7.8abcd (R. 1a);
Mc 1,21b-28.

1Sm 3,1-10.19-20;
Sl 39(40),2 e 5.7-8a.8b-9.10 (R. 8a.9a);
Mc 1,29-39.

1Sm 4,1-11;
Sl 43(44),10-11.14-15.24-25 (R. 26d);
Mc 1,40-45.

1Sm 8,4-7.10-22a;
Sl 88(89),16-17.18-19 (R. cf. 2a);
Mc 2,1-12.

1Sm 9,1-4.17-19; 10,1;
Sl 20(21),2-3.4-5.6-7 (R. 2a).
Mc 2,13-17.

Is 49,3.5-6;
Sl 39(40),2.4ab.7-8a.8b-9.10 (R. 8a.9a);
1Cor 1,1-3;
Jo 1,29-34.

19/01 - SEGUNDA

Segunda-feira da 2ª semana do Tempo Comum;
Oitavário pela Unidade dos Cristãos: Segundo dia

II-10 / IV-5

20/01 - TERÇA

Terça-feira da 2ª semana do Tempo Comum;
Oitavário pela Unidade dos Cristãos: Terceiro dia

II-11 / IV-6

21/01 - QUARTA

Quarta-feira da 2ª semana do Tempo Comum;
Oitavário pela Unidade dos Cristãos: Quarto dia

II-12 / IV-7

22/01 - QUINTA

Quinta-feira da 2ª semana do Tempo Comum;
Oitavário pela Unidade dos Cristãos: Quinto dia

II-13 / IV-8

23/01 -SEXTA

Sexta-feira da 2ª semana do Tempo Comum;
Oitavário pela Unidade dos Cristãos: Sexto dia

II-14 / IV-9

24/01 -SÁBADO

Sábado da 2ª semana do Tempo Comum;
Oitavário pela Unidade dos Cristãos: Sétimo dia;
São Francisco de Sales

II-15 / IV-10 / IV-11

25/01 -DOMINGO

3º Domingo do Tempo Comum: Ano A
Conversão de São Paulo

II-16 / IV-12

1Sm 15,16-23;
Sl 49(50),8-9.16bc-17.21.23 (R. 23b);
Mc 2,18-22.

1Sm 16,1-13;
Sl 88(89),20.21-22.27-28 (R. 21a);
Mc 2,23-28.

1Sm 17,32-33.37.40-51;
Sl 143(144),1.2.9-10 (R. 1a);
Mc 3,1-6.

1Sm 18,6-9; 19,1-7;
Sl 55(56),2-3.9-10.11-13 (R. 5bc);
Mc 3,7-12.

1Sm 24,3-21;
Sl 56(57),2.3-4.6 e 11 (R. 2a);
Mc 3,13-19.

2Sm 1,1-4.11-12.19.23-27;
Sl 79(80),2-3.5-7 (R. 4b);
Mc 3,20-21.

Is 8,23b-9,3;
Sl 26(27),1.4.13-14 (R. 1a.1c);
1Cor 1,10-13.17;
Mt 4,12-23.

26/01 - SEGUNDA

Segunda-feira da 3ª semana do Tempo Comum,
Ss. Timóteo e Tito

II-19 / IV-13

27/01 - TERÇA

Terça-feira da 3ª semana do Tempo Comum

II-20

28/01 - QUARTA

Quarta-feira da 3ª semana do Tempo Comum,
São Tomás de Aquino

II-21 / IV-14

29/01 - QUINTA

Quinta-feira da 3ª semana do Tempo Comum

II-22

30/01 -SEXTA

Sexta-feira da 3ª semana do Tempo Comum

II-23

31/01 -SÁBADO

Sábado da 3ª semana do Tempo Comum,
São João Bosco

II-24 / IV-15

01/02 -DOMINGO

4º Domingo do Tempo Comum: Ano A

II-25 / IV-20

2Tm 1,1-8 ou Tt 1,1-5;
Sl 95(96),1-2a.2b-3.7-8a.10 (R. 3);
Lc 10,1-9.

2Sm 6,12b-15.17-19;
Sl Sl 23(24),7.8.9.10 (R. 8a);
Mc 3,31-35.

2Sm 7,4-17;
Sl Sl 88(89),4-5.27-28.29-30 (R. 29a);
Mc 4,1-20.

2Sm 7,18-19.24-29;
Sl 131(132),1-2.3-5.11.12.13-14 (R. Lc 1,32b);
Mc 4,21-25.

2Sm 11,1-4a.5-10a.13-17;
Sl 50(51),3-4.5-6a.6bc-7.10-11 (R. cf. 3a);
Mc 4,26-34.

2Sm 12,1-7a.10-17;
Sl 50(51),12-13.14-15.16-17 (R. 12a);
Mc 4,35-41.

Sf 2,3; 3,12-13;
Sl 145(146),7.8-9a.9bc-10 (R. Mt 5,3);
1Cor 1,26-31;
Mt 5,1-12a.

FEVEREIRO

02/02 - SEGUNDA

Apresentação do Senhor

IV-16/17

03/02 - TERÇA

Terça-feira da 4ª semana do Tempo Comum

II-29

04/02 - QUARTA

Quarta-feira da 4ª semana do Tempo Comum

II-30

05/02 - QUINTA

Quinta-feira da 4ª semana do Tempo Comum

II-31

06/02 -SEXTA

Sexta-feira da 4ª semana do Tempo Comum

II-32

07/02 -SÁBADO

Sábado da 4ª semana do Tempo Comum

II-33

08/02 -DOMINGO

5º Domingo do Tempo Comum: Ano A

II-34 / IV-21

Ml 3,1-4 ou Hb 2,14-18;
Sl 23(24),7.8.9.10 (R. 10b);
Lc 2,22-40.

2Sm 18,9-10.14b.24-25a.30-19,3;
Sl 85(86),1-2.3-4.5-6 (R. 1a);
Mc 5,21-43.

2Sm 24,2.9-17;
Sl 31(32),1-2.5.6.7 (R. cf. 5c);
Mc 6,1-6.

1Rs 2,1-4.10-12;
1Cr 29,10.11ab.11d-12a.12bcd (R. 12b);
Mc 6,7-13.

Eclo 47,2-13;
Sl 17(18),31.47 e 50.51 (R. cf. 47b);
Mc 6,14-29.

1Rs 3,4-13;
Sl 118(119),9.10.11.12.13.14 (R. 12b);
Mc 6,30-34.

Is 58,7-10;
Sl 111(112),4-5.6-7.8a.9 (R. 4a.3b);
1Cor 2,1-5;
Mt 5,13-16.

09/02 - SEGUNDA

Segunda-feira da 5ª semana do Tempo Comum

II-37

10/02 - TERÇA

Terça-feira da 5ª semana do Tempo Comum

II-38

11/02 - QUARTA

Quarta-feira da 5ª semana do Tempo Comum,
Nossa Senhora de Lourdes

II-39 / IV-18

12/02 - QUINTA

Quinta-feira da 5ª semana do Tempo Comum

II-40

13/02 -SEXTA

Sexta-feira da 5ª semana do Tempo Comum

II-41

14/02 -SÁBADO

Sábado da 5ª semana do Tempo Comum

II-42

15/02 -DOMINGO

6º Domingo do Tempo Comum: Ano A

II-43 / IV-22

1Rs 8,1-7.9-13;
Sl 131(132),6-7.8-10 (R. 8a);
Mc 6,53-56.

1Rs 8,22-23.27-30;
Sl 83(84),3.4.5 e 10.11 (R. 2);
Mc 7,1-13.

1Rs 10,1-10;
Sl 36(37),5-6.30-31.39-40 (R. 30a);
Mc 7,14-23.

1Rs 11,4-13;
Sl 105(106),3-4.35-36.37 e 40 (R. 4);
Mc 7,24-30.

1Rs 11,29-32; 12,19;
Sl 80(81),10-11ab.12-13.14-15 (R. cf. 11a.9a);
Mc 7,31-37.

1Rs 12,26-32; 13,33-34;
Sl 105(106),6-7a.19-20.21-22 (R. 4a);
Mc 8,1-10.

Eclo 15,16-21;
Sl 118(119),1-2.4-5.17-18.33-34 (R. 1);
1Cor 2,6-10;
Mt 5,17-37.

16/02 - SEGUNDA

Segunda-feira da 6ª semana do Tempo Comum

II-46

17/02 - TERÇA

Terça-feira da 6ª semana do Tempo Comum

II-47

18/02 - QUARTA

Quarta-feira de Cinzas

I-1B

19/02 - QUINTA

Quinta-feira depois das Cinzas

I-2B

20/02 -SEXTA

Sexta-feira depois das Cinzas

I-3B

21/02 -SÁBADO

Sábado depois das Cinzas

I-4B

22/02 -DOMINGO

1º Domingo da Quaresma

I-5B / IV-23

TG 1,1-11;
SL 118(119),67.68.71.72.75.76 (R. 77A);
MC 8,11-13.

TG 1,12-18;
SL 93(94),12-13A.14-15.18-19 (R.12A);
MC 8,14-21.

JL 2,12-18;
SL 50(51),3-4.5-6A.12-13.14 E 17 (R. CF. 3A);
2COR 5,20-6,2;
MT 6,1-6.16-18.

DT 30,15-20;
SL 1,1-2.3.4.6 (R. SL 39,5A);
LC 9,22-25.

IS 58,1-9A;
SL 50(51),3-4.5-6A.18-19 (R. 19B);
MT 9,14-15.

IS 58,9B-14;
SL 85(86),1-2.3-4.5-6 (R. 11A);
LC 5,27-32.

GN 2,7-9;3,1-7;
SL 50(51),3-4.5-6A.12-13.14.17 (R. CF. 3A);
RM 5,12-19;
MT 4,1-11.

23/02 - SEGUNDA

Segunda-feira da 1ª semana da Quaresma

I-6B

24/02 - TERÇA

Terça-feira da 1ª semana da Quaresma

I-7B

25/02 - QUARTA

Quarta-feira da 1ª semana da Quaresma

I-8B

26/02 - QUINTA

Quinta-feira da 1ª semana da Quaresma

I-9B

27/02 -SEXTA

Sexta-feira da 1ª semana da Quaresma

I-10B

28/02 -SÁBADO

Sábado da 1ª semana da Quaresma

I-11B

01/03 -DOMINGO

2º Domingo da Quaresma: Ano A

I-12B / IV-24

Lv 19,1-2.11-18;
Sl 18(19),8.9.10.15 (R. Jo 6,63c);
Mt 25,31-46.

Is 55,10-11;
Sl 33(34),4-5.6-7.16-17.18-19 (R. 18b);
Mt 6,7-15.

Jn 3,1-10;
Sl 50(51),3-4,12-13.18-19 (R. 19b);
Lc 11,29-32.

Est 4,17n.p-r.aa-bb.gg-hh;
Sl 137(138),1-2a.2bc-3.7c-8 (R. 3a);
Mt 7,7-12.

Ez 18,21-28;
Sl 129(130),1-2.3-4.5-6.7-8 (R. 3);
Mt 5,20-26.

Dt 26,16-19;
Sl 118(119),1-2.4-5.7-8 (R. 1b);
Mt 5,43-48.

Gn 12,1-4a;
Sl 32(33),4-5.18-19.20.22 (R. cf. 22);
2Tm 1,8b-10;
Mt 17,1-9.

MARÇO

02/03 - SEGUNDA

Segunda-feira da 2ª semana da Quaresma

I-13B

03/03 - TERÇA

Terça-feira da 2ª semana da Quaresma

I-14B

04/03 - QUARTA

Quarta-feira da 2ª semana da Quaresma

I-15B

05/03 - QUINTA

Quinta-feira da 2ª semana da Quaresma

I-16B

06/03 -SEXTA

Sexta-feira da 2ª semana da Quaresma

I-17B

07/03 -SÁBADO

Sábado da 2ª semana da Quaresma

I-18B

08/03 -DOMINGO

3º Domingo da Quaresma: Ano A

I-19B / IV-25

Dn 9,4b-10;
Sl 78(79),8.9.11.13 (R. Sl 102(103),10a);
Lc 6,36-38.

Is 1,10.16-20;
Sl 49(50),8-9.16bc-17.21.23 (R. 23b);
Mt 23,1-12.

Jr 18,18-20;
Sl 30(31),5-6.14.15-16 (R. 17b);
Mt 20,17-28.

Jr 17,5-10;
Sl 1,1-2.3.4 e 6 (R. Sl 39[40],5a);
Lc 16,19-31.

Gn 37,3-4.12-13a.17b-28;
Sl 104(105),16-17.18-19.20-21 (R. 5a);
Mt 21,33-43.45-46.

Mq 7,14-15.18-20;
Sl 102(103),1-2.3-4.9-10.11-12 (R. 8a);
Lc 15,1-3.11-32.

Ex 17,3-7;
Sl 94(95),1-2.6-7.8-9 (R. 8);
Rm 5,1-2.5-8;
Jo 4,5-42.

MARÇO

09/03 - SEGUNDA

Segunda-feira da 3ª semana da Quaresma

I-20B

10/03 - TERÇA

Terça-feira da 3ª semana da Quaresma

I-21B

11/03 - QUARTA

Quarta-feira da 3ª semana da Quaresma

I-22B

12/03 - QUINTA

Quinta-feira da 3ª semana da Quaresma

I-23B

13/03 -SEXTA

Sexta-feira da 3ª semana da Quaresma

I-24B

14/03 -SÁBADO

Sábado da 3ª semana da Quaresma

I-25B

15/03 -DOMINGO

4º Domingo da Quaresma: Ano A

I-26B / IV-26

2Rs 5,1-15a;
Sl 41(42),2.3;Sl 42(43),3.4 (R. 41[42],3);
Lc 4,24-30.

Dn 3,25.34-43;
Sl 24(25),4bc-5ab.6-7bc.8-9 (R. 6a);
Mt 18,21-35.

Dt 4,1.5-9;
Sl 147(147B),12-13.15-16.19-20 (R. 12a);
Mt 5,17-19.

Jr 7,23-28;
Sl 94(95),1-2.6-7.8-9 (R. 8);
Lc 11,14-23.

Os 14,2-10;
Sl 80(81),6c-8a.8bc-9.10-11ab.14 e 17 (R. cf. 11.9a);
Mc 12,28b-34.

Os 6,1-6;
Sl 50(51),3-4.18-19.20-21ab (R. cf. Os 6,6);
Lc 18,9-14.

1Sm 16,1b.6-7.10-13a;
Sl 22(23),1-3a.3b-4.5.6 (R. 1);
Ef 5,8-14;
Jo 9,1-41.

16/03 - SEGUNDA

SEGUNDA-FEIRA DA 4ª SEMANA DA QUARESMA

I-27

17/03 - TERÇA

TERÇA-FEIRA DA 4ª SEMANA DA QUARESMA

I-28B

18/03 - QUARTA

QUARTA-FEIRA DA 4ª SEMANA DA QUARESMA

I-29B

19/03 - QUINTA

SÃO JOSÉ, ESPOSO DA VIRGEM MARIA

IV-27

20/03 -SEXTA

SEXTA-FEIRA DA 4ª SEMANA DA QUARESMA

I-31B

21/03 -SÁBADO

SÁBADO DA 4ª SEMANA DA QUARESMA

I-32B

22/03 -DOMINGO

5º DOMINGO DA QUARESMA: ANO A

I-33B

Is 65,17-21;
Sl 29(30),2 e 4.5-6.11-12a e 13b (R. 2a);
Jo 4,43-54.

Ez 47,1-9.12;
Sl 45(46),2-3.5-6.8-9 (R. 8);
Jo 5,1-16.

Is 49,8-15;
Sl 144(145),8-9.13cd-14.17-18 (R. 8a);
Jo 5,17-30.

2Sm 7,4-5a.12-14a.16;
Sl 88(89),2-3.4-5.27 e 29 (R. 37);
Rm 4,13.16-18.22;
Mt 1,16.18-21.24a ou Lc 2,41-51.

Sb 2,1a.12-22;
Sl 33(34),17-18.19-20.21 e 23 (R. 19a);
Jo 7,1-2.10.25-30.

Jr 11,18-20;
Sl 7,2-3.9bc-10.11-12 (R. 2a);
Jo 7,40-53.

Ez 37,12-14;
Sl 129(130),1-2.3-4ab.5-6.7-8 (R. cf. 7);
Rm 8,8-11;
Jo 11,1-45.

23/03 - SEGUNDA
Segunda-feira da 5ª semana da Quaresma
I-34B

24/03 - TERÇA
Terça-feira da 5ª semana da Quaresma
I-35B

25/03 - QUARTA
Anunciação do Senhor
IV-28/29

26/03 - QUINTA
Quinta-feira da 5ª semana da Quaresma
I-37B

27/03 -SEXTA
Sexta-feira da 5ª semana da Quaresma
I-38B

28/03 -SÁBADO
Sábado da 5ª semana da Quaresma
I-39B

29/03 -DOMINGO
Domingo de Ramos e da Paixão do Senhor:
Ano A
I-40B

Dn 13,1-9.15-17.19-30.33-62;
Sl 22(23),1-3a.3b-4.5.6 (R. 4a);
Jo 8,1-11.

Nm 21,4-9;
Sl 101(102),2-3.16-18.19-21 (R. 2);
Jo 8,21-30.

Is 7,10-14; 8,10;
Sl 39(40),7-8a.8b-9.10,11 (R. 8a.9a);
Hb 10,4-10;
Lc 1,26-38.

Gn 17,3-9;
Sl 104(105),4-5.6-7.8-9 (R. 8a);
Jo 8,51-59.

Jr 20,10-13;
Sl 17(18),2-3a.3bc-4.5-6.7 (R. cf. 7);
Jo 10,31-42.

Ez 37,21-28;
Jr 31,10.11-12ab.13 (R. cf. 10d);
Jo 11,45-56.

Is 50,4-7;
Sl 21(22),8-9.17-18a.19-20.23-24 (R. 2a);
Fl 2,6-11;
Mt 26,14-27,66.

30/03 - SEGUNDA

Segunda-feira da Semana Santa

I-41B

31/03 - TERÇA

Terça-feira da Semana Santa

I-42B

01/04 - QUARTA

Quarta-feira da Semana Santa

I-43B

02/04 - QUINTA

Quinta-feira da Ceia do Senhor

I-44B

03/04 -SEXTA

Sexta-feira da Paixão do Senhor

I-45B

04/04 -SÁBADO

Sábado Santo

I-46B

05/04 -DOMINGO

Domingo da Páscoa na Ressurreição do Senhor

I-47B

Is 42,1-7;
Sl 26(27),1.2.3.13-14 (R. 1a);
Jo 12,1-11.

Is 49,1-6;
Sl 70(71),1-2.3-4a.5-6ab.15.17 (R. 15);
Jo 13,21-33.36-38.

Is 50,4-9a;
Sl 68(69),8-10.21bcd-22.31 e 33-34 (R. 14cb);
Mt 26,14-25.

Ex 12,1-8.11-14;
Sl 115(116B),12-13.15-16bc.17-18 (R. cf. 1Cor 10,16);
1Cor 11,23-26;
Jo 13,1-15.

Is 52,13-53,12;
Sl 30(31),2.6.12-13.15-16.17.25 (R. Lc 23,46);
Hb 4,14-16; 5,7-9;
Jo 18,1-19,42.

Gn 1,1-2,2 ou Gn 1,1.26-31a;
Sl 103 ou Sl 32; Gn 22,1-18;
Sl 15; Ex 14,15-15,1; Ex 15; Is 54,5-14;
Sl 29; Is 55,1-11; Is 12;
Br 3,9-15.32-4,4; Sl 18; Ez 36,16-28;
Sl 41; Rm 6,3-11; Sl 117; Mc 28,1-10.

At 10,34a.37-43;
Sl 117(118),1-2.16ab-17.22-23 (R. 24);
Cl 3,1-4 ou 1Cor 5,6b-8;
Jo 20,1-9.

06/04 - SEGUNDA

Segunda-feira da Oitava da Páscoa

I-48B

07/04 - TERÇA

Terça-feira da Oitava da Páscoa

I-49B

08/04 - QUARTA

Quarta-feira da Oitava da Páscoa

I-50B

09/04 - QUINTA

Quinta-feira da Oitava da Páscoa

I-51B

10/04 -SEXTA

Sexta-feira da Oitava da Páscoa

I-52B

11/04 -SÁBADO

Sábado da Oitava da Páscoa

I-53B

12/04 -DOMINGO

2º Domingo da Páscoa ou da Divina Misericórdia: Ano A

I-54B

At 2,14.22-33;
Sl 15(16),1-2a e 5.7-8.9-10.11 (R. 1);
Mt 28,8-15.

At 2,36-41;
Sl 32(33),4-5.18-19.20 e 22 (R. 5b);
Jo 20,11-18.

At 3,1-10;
Sl 104(105),1-2.3-4.6-7.8-9 (R. 3b);
Lc 24,13-35.

At 3,11-26;
Sl 8,2a e 5.6-7.8-9 (R. 2ab);
Lc 24,35-48.

At 4,1-12;
Sl 117(118),1-2 e 4.22-24.25-27a (R. 22);
Jo 21,1-14.

At 4,13-21;
Sl 117(118),1 e 14-15.16ab-18.19-21 (R. 21a);
Mc 16,9-15.

At 2,42-47;
Sl 117(118),2-4.13-15.22-24 (R. 1);
1Pd 1,3-9;
Jo 20,19-31.

13/04 - SEGUNDA

Segunda-feira da 2ª semana da Páscoa

I-55B

14/04 - TERÇA

Terça-feira da 2ª semana da Páscoa

I-56B

15/04 - QUARTA

Quarta-feira da 2ª semana da Páscoa

I-57B

16/04 - QUINTA

Quinta-feira da 2ª semana da Páscoa

I-58B

17/04 -SEXTA

Sexta-feira da 2ª semana da Páscoa

I-59B

18/04 -SÁBADO

Sábado da 2ª semana da Páscoa

I-60B

19/04 -DOMINGO

3º Domingo da Páscoa: Ano A

I-61B

At 4,23-31;
Sl 2,1-3.4-6.7-9 (R. cf. 12d);
Jo 3,1-8.

At 4,32-37;
Sl 92(93),1ab.1c-2.5 (R. 1a);
Jo 3,7b-15.

At 5,17-26;
Sl 33(34),2-3.4-5.6-7.8-9 (R. 7a);
Jo 3,16-21.

At 5,27-33;
Sl 33(34),2 e 9.17-18.19-20 (R. 7a);
Jo 3,31-36.

At 5,34-42;
Sl 26(27),1.4.13-14 (R. cf. 4ab);
Jo 6,1-15.

At 6,1-7;
Sl 32(33),1-2.4-5.18-19 (R. 22);
Jo 6,16-21.

At 2,14.22-33;
Sl 15(16),1-2a.5.7-8.9-10.11 (R. 11ab);
1Pd 1,17-21;
Lc 24,13-35.

20/04 - SEGUNDA

Segunda-feira da 3ª semana da Páscoa

I-62B

21/04 - TERÇA

Terça-feira da 3ª semana da Páscoa

I-63B

22/04 - QUARTA

Quarta-feira da 3ª semana da Páscoa

I-64B

23/04 - QUINTA

Quinta-feira da 3ª semana da Páscoa

I-65B

24/04 -SEXTA

Sexta-feira da 3ª semana da Páscoa

I-66B

25/04 -SÁBADO

São Marcos, evangelista

IV-30

26/04 -DOMINGO

4º Domingo da Páscoa ou do Bom Pastor:

Ano A

I-68B

At 6,8-15;
Sl 118(119),23-24.26-27.29-30 (R. 1b);
Jo 6,22-29.

At 7,51-8,1a;
Sl 30(31),3cd-4.6ab e 7b e 8a. 17 e 21ab (R. 6a);
Jo 6,30-35.

At 8,1b-8;
Sl 65(66),1-3a.4-5.6-7a (R. 1);
Jo 6,35-40.

At 8,26-40;
Sl 65(66),8-9.16-17.20 (R. 1);
Jo 6,44-51.

At 9,1-20;
Sl 116(117),1.2 (R. Mc 16,15);
Jo 6,52-59.

1Pd 5,5b-14;
Sl 88(89),2-3,6-7,16-17 (R. cf. 2a);
Mc 16,15-20.

At 2,14a.36-41;
Sl 22(23),1-3a.3b-4.5.6 (R. cf. 1.2c);
1Pd 2,20b-25;
Jo 10,1-10.

27/04 - SEGUNDA

Segunda-feira da 4ª semana da Páscoa

I-69B

28/04 - TERÇA

Terça-feira da 4ª semana da Páscoa

I-70B

29/04 - QUARTA

Quarta-feira da 4ª semana da Páscoa,

Santa Catarina de Sena

I-71B / IV-31

30/04 - QUINTA

Quinta-feira da 4ª semana da Páscoa

I-72B

01/05 -SEXTA

São José Operário

IV-32

02/05 -SÁBADO

Sábado da 4ª semana da Páscoa

I-74B

03/05 -DOMINGO

5º Domingo da Páscoa: Ano A

Santos Filipe e Tiago

I-75B / IV-33

At 11,1-18;
Sl 41(42),2.3 e 42(43),3.4 (R. cf. Sl 41[42], 3a);
Jo 10,11-18;

At 11,19-26;
Sl 86(87),1-3.4-5.6-7 (R. Sl 116[117],1a);
Jo 10,22-30.

At 12,24-13,5a;
Sl 66(67),2-3.5.6 e 8 (R. 4);
Jo 12,44-50.

At 13,13-25;
Sl 88(89),2-3.21-22.25 e 27 (R. cf. 2a);
Jo 13,16-20.

At 13,26-33;
Sl 2,6-7.8-9.10-11 (R. 7);
Jo 14,1-6.

At 13,44-52;
Sl 97(98),1.2-3ab.3cd-4 (R. 3cd);
Jo 14,7-14.

At 6,1-7;
Sl 32(33),1-2.4-5.18-19 (R. 22);
1Pd 2,4-9;
Jo 14,1-12.

MAIO

04/05 - SEGUNDA

SEGUNDA-FEIRA DA 5ª SEMANA DA PÁSCOA

I-76B

05/05 - TERÇA

TERÇA-FEIRA DA 5ª SEMANA DA PÁSCOA

I-77B

06/05 - QUARTA

QUARTA-FEIRA DA 5ª SEMANA DA PÁSCOA

I-78B

07/05 - QUINTA

QUINTA-FEIRA DA 5ª SEMANA DA PÁSCOA

I-79B

08/05 -SEXTA

SEXTA-FEIRA DA 5ª SEMANA DA PÁSCOA

I-80B

09/05 -SÁBADO

SÁBADO DA 5ª SEMANA DA PÁSCOA

I-81B

10/05 -DOMINGO

6º DOMINGO DA PÁSCOA: ANO A

I-82B

AT 14,5-18;
SL 113B(115),1-2.3-4.15-16 (R. 1);
JO 14,21-26.

AT 14,19-28;
SL 144(145),10-11.12-13AB.21 (R. CF. 12A);
JO 14,27-31A.

AT 15,1-6;
SL 121(122),1-2.3-4A.4B-5 (R. CF. 1);
JO 15,1-8.

AT 15,7-21;
SL 95(96),1-2A.2B-3.10 (R. CF. 3);
JO 15,9-11.

AT 15,22-31;
SL 56(57),8-9.10-12 (R. 10A);
JO 15,12-17.

AT 16,1-10;
SL 99(100),2.3.5 (R. 2A);
JO 15,18-21.

AT 8,5-8.14-17;
SL 65(66),1-3A.4-5.6-7A.16.20 (R. 1-2A);
1PD 3,15-18;
JO 14,15-21.

11/05 - SEGUNDA

Segunda-feira da 6ª semana da Páscoa

I-83B

12/05 - TERÇA

Terça-feira da 6ª semana da Páscoa

I-84B

13/05 - QUARTA

Quarta-feira da 6ª semana da Páscoa,
Nossa Senhora de Fátima

I-85B / IV-34

14/05 - QUINTA

São Matias, apóstolo

IV-35

15/05 -SEXTA

Sexta-feira da 6ª semana da Páscoa

I-87B

16/05 -SÁBADO

Sábado da 6ª semana da Páscoa

I-88B

17/05 -DOMINGO

Ascensão do Senhor

I-86B

At 16,11-15;
Sl 149,1-2.3-4.5-6a e 9b (R. 4a);
Jo 15,26-16,4a.

At 16,22-34;
Sl 137(138),1-2a.2bc-3.7c-8 (R. 7c);
Jo 16,5-11.

At 17,15.22-18,1;
Sl 148,1-2.11-12ab.12c-14a.14bcd;
Jo 16,12-15.

At 1,15-17.20-26;
Sl 112(113),1-2.3-4.5-6.7-8 (R. cf. 8);
Jo 15,9-17.

At 18,9-18;
Sl 46(47),2-3.4-5.6-7 (R. 8a);
Jo 16,20-23a.

At 18,23-28;
Sl 46(47),2-3.8-9.10 (R. 8a);
Jo 16,23b-28.

At 1,1-11;
Sl 46(47),2-3.6-7.8-9 (R. 6);
Ef 1,17-23;
Mc 16,15-20.

MAIO

18/05 - SEGUNDA
Segunda-feira da 7ª semana da Páscoa
I-90B

19/05 - TERÇA
Terça-feira da 7ª semana da Páscoa
I-91B

20/05 - QUARTA
Quarta-feira da 7ª semana da Páscoa
I-92B

21/05 - QUINTA
Quinta-feira da 7ª semana da Páscoa
I-93B

22/05 -SEXTA
Sexta-feira da 7ª semana da Páscoa
I-94B

23/05 -SÁBADO
Sábado da 7ª semana da Páscoa
I-95B

24/05 -DOMINGO
Pentecostes
I-96B

At 19,1-8;
Sl 67(68),2-3.4-5ac.6-7ab (R. 33a);
Jo 16,29-33.

At 20,17-27;
Sl 67(68),10-11.20-21 (R 33a);
Jo 17,1-11a.

At 20,28-38;
Sl 67(68),29-30.33-34.35-36 (R. 33a);
Jo 17,11b-19.

At 22,30; 23,6-11;
Sl 15(16),1-2a e 5.7-8.9-10.11 (R. 1);
Jo 17,20-26.

At 25,13b-21;
Sl 102(103),1-2.11-12.19-20ab (R. 19a);
Jo 21,15-19.

At 28,16-20.30-31;
Sl 10(11),4.5 e 7 (R. cf. 7b);
Jo 21,20-25.

At 2,1-11a;
Sl 103(104),1ab.24ac.29bc-30.31.34 (R. cf. 30);
1Cor 12,3b-7.12-13;
Jo 20,19-23.

25/05 - SEGUNDA

Segunda-feira da 8ª semana do Tempo Comum

II-64

26/05 - TERÇA

Terça-feira da 8ª semana do Tempo Comum

II-65

27/05 - QUARTA

Quarta-feira da 8ª semana do Tempo Comum

II-66

28/05 - QUINTA

Quinta-feira da 8ª semana do Tempo Comum

II-67

29/05 -SEXTA

Sexta-feira da 8ª semana do Tempo Comum

II-68

30/05 -SÁBADO

Sábado da 8ª semana do Tempo Comum

II-69

31/05 -DOMINGO

Santíssima Trindade

IV-38/39

Gn 3,9-15.20 ou At 1,12-14;
Sl 86(87),1-2.3 e 5.6-7 (R. 3);
Jo 19,25-34.

1Pd 1,10-16;
Sl 97(98),1.2-3ab.3cd-4 (R. 2a);
Mc 10,28-31.

1Pd 1,18-25;
Sl 147(147B),12-13.14-15.19-20 (R. 12a);
Mc 10,32-45.

1Pd 2,2-5.9-12;
Sl 99(100),2.3.4.5 (R. 2c);
Mc 10,46-52.

1Pd 4,7-13;
Sl 95(96),10.11-12.13 (R. 13b);
Mc 11,11-25.

Jd 17.20b-25;
Sl 62(63),2.3-4.5-6 (R. 2b);
Mc 11,27-33.

Ex 34,4b-6.8-9;
Dn 3,52.53.54.55.56 (R. 52b);
2Cor 13,11-13;
Jo 3,16-18.

01/06 - SEGUNDA

Segunda-feira da 9ª semana do Tempo Comum,
São Justino

II-73 / IV-51

02/06 - TERÇA

Terça-feira da 9ª semana do Tempo Comum

II-74

03/06 - QUARTA

Quarta-feira da 9ª semana do Tempo Comum

II-75

04/06 - QUINTA

Santíssimo Corpo e Sangue de Cristo

II-76

05/06 -SEXTA

Sexta-feira da 9ª semana do Tempo Comum

II-77

06/06 -SÁBADO

Sábado da 9ª semana do Tempo Comum

II-78

07/06 -DOMINGO

10º Domingo do Tempo Comum: Ano A

II-79

2Pd 1,1-7;
Sl 90(91),1-2.14-15ab.15c-16 (R. 2b);
Mc 12,1-12.

2Pd 3,11-15a.17-18;
Sl 89(90),2.3-4.10.14 e 16 (R. 1);
Mc 12,13-17.

2Tm 1,1-3.6-12;
Sl 122(123),1-2a.2bcd (R. 1a);
Mc 12,18-27.

Dt 8,2-3.14b-16a;
Sl 147(147B),12-13.14-15.19-20 (R. 12);
1Cor 10,16-17;
Jo 6,51-58.

2Tm 3,10-17;
Sl 118(119),157.160.161.165.166.168 (R. 165a);
Mc 12,35-37.

2Tm 4,1-8;
Sl 70(71),8-9.14-15ab.16-17.22 (R. cf. 15a);
Mc 12,38-44.

Os 6,3-6;
Sl 49(50),1.8.12-13.14-15 (R. 23b);
Rm 4,18-25;
Mt 9,9-13.

08/06 - SEGUNDA

SEGUNDA-FEIRA DA 10ª SEMANA DO TEMPO COMUM

II-82

09/06 - TERÇA

TERÇA-FEIRA DA 10ª SEMANA DO TEMPO COMUM

II-83

10/06 - QUARTA

QUARTA-FEIRA DA 10ª SEMANA DO TEMPO COMUM

II-84

11/06 - QUINTA

QUINTA-FEIRA DA 10ª SEMANA DO TEMPO COMUM,
SÃO BARNABÉ, APÓSTOLO

II-85 / IV-52

12/06 -SEXTA

SAGRADO CORAÇÃO DE JESUS

IV-48/49

13/06 -SÁBADO

IMACULADO CORAÇÃO DE MARIA

IV-50

14/06 -DOMINGO

11º DOMINGO DO TEMPO COMUM: ANO A

II-88

1Rs 17,1-6;
Sl 120(121),1-2.3-4.5-6.7-8 (R. Cf. 2);
Mt 5,1-12.

1Rs 17,7-16;
Sl 4,2-3.4-5.7-8 (R. 7);
Mt 5,13-16.

1Rs 18,20-39;
Sl 15(16),1-2a.4.5 e 8.11 (R. 1);
Mt 5,17-19.

At 11,21b-26; 13,1-3;
Sl 97(98),1.2-3ab.3cd-4.5-6 (R. 2a);
Mt 10,7-13.

Dt 7,6-11;
Sl 102(103),1-2.3-4.6-7.8.10 (R. 17);
1Jo 4,7-16;
Mt 11,25-30.

Is 61,9-11;
1Sm 2,1.4-5.6-7 8abcd (R. cf. 1a);
Lc 2,41-51.

Ex 19,2-6a;
Sl 99(100),2.3.5 (R. 3c);
Rm 5,6-11;
Mt 9,36-10,8.

15/06 - SEGUNDA

SEGUNDA-FEIRA DA 11ª SEMANA DO TEMPO COMUM

II-91

16/06 - TERÇA

TERÇA-FEIRA DA 11ª SEMANA DO TEMPO COMUM

II-92

17/06 - QUARTA

QUARTA-FEIRA DA 11ª SEMANA DO TEMPO COMUM

II-93

18/06 - QUINTA

QUINTA-FEIRA DA 11ª SEMANA DO TEMPO COMUM

II-94

19/06 -SEXTA

SEXTA-FEIRA DA 11ª SEMANA DO TEMPO COMUM

II-95

20/06 -SÁBADO

SÁBADO DA 11ª SEMANA DO TEMPO COMUM

II-96

21/06 -DOMINGO

12º DOMINGO DO TEMPO COMUM: ANO A

II-97

1Rs 21,1-16;
Sl 5,2-3.5-6.7 (R. 2b);
Mt 5,38-42.

1Rs 21,17-29;
Sl 50(51),3-4.5-6a.11 e 16 (R. cf. 3a);
Mt 5,43-48.

2Rs 2,1.6-14;
Sl 30(31),20.21.24 (R. 25);
Mt 6,1-6.16-18.

Eclo 48,1-14;
Sl 96(97),1-2.3-4.5-6.7 (R. 12a);
Mt 6,7-15.

2Rs 11,1-4.9-18.20;
Sl 131(132),11.12.13-14.17-18 (R. 13);
Mt 6,19-23.

2Cr 24,17-25;
Sl 88(89),4-5.29-30.31-32.33-34 (R. 29a);
Mt 6,24-34.

Jr 20,10-13;
Sl 68(69),8-10.14.17.33-35 (R. 14c);
Rm 5,12-15;
Mt 10,26-33.

22/06 - SEGUNDA

SEGUNDA-FEIRA DA 12ª SEMANA DO TEMPO COMUM,
SS. JOÃO FISHER E THOMAS MORE

II-100 / IV-54

23/06 - TERÇA

TERÇA-FEIRA DA 12ª SEMANA DO TEMPO COMUM

II-101

24/06 - QUARTA

NATIVIDADE DE SÃO JOÃO BATISTA

IV-55

25/06 - QUINTA

QUINTA-FEIRA DA 12ª SEMANA DO TEMPO COMUM

II-103

26/06 -SEXTA

SEXTA-FEIRA DA 12ª SEMANA DO TEMPO COMUM

II-104

27/06 -SÁBADO

SÁBADO DA 12ª SEMANA DO TEMPO COMUM

II-105

28/06 -DOMINGO

SÃO PEDRO E SÃO PAULO, APÓSTOLOS

IV-56/57

2Rs 17,5-8.13-15a.18;
Sl 59(60),3.4-5.11-12a.12b-13 (R. 7b);
Mt 7,1-5.

2Rs 19,9b-11.14-21.31-35a.36;
Sl 47(48),2-3a.3b-4.10-11 (R. cf. 9d);
Mt 7,6.12-14.

Is 49,1-6;
Sl 138(139),1-3.13-14ab.14c-15 (R. 14a);
At 13,22-26;
Lc 1,57-66.80.

2Rs 24,8-17;
Sl 78(79),1-2.3-5.8-9 (R. 9b);
Mt 7,21-29.

2Rs 25,1-12;
Sl 136(137),1-2.3.4-5.6 (R. 6a);
Mt 8,1-4.

Lm 2,2.10-14.18-19;
Sl 73(74),1-2.3-4.5-7.20-21 (R. 19b);
Mt 8,5-17.

At 12,1-11;
Sl 33(34),2-3.4-5.6-7.8-9 (R. 5);
2Tm 4,6-8.17-18;
Mt 16,13-19.

29/06 - SEGUNDA

SEGUNDA-FEIRA DA 13ª SEMANA DO TEMPO COMUM

II-109

30/06 - TERÇA

TERÇA-FEIRA DA 13ª SEMANA DO TEMPO COMUM,
PRIMEIROS MÁRTIRES DA IGREJA DE ROMA

II-110 / IV-58

01/07 - QUARTA

QUARTA-FEIRA DA 13ª SEMANA DO TEMPO COMUM

II-111

02/07 - QUINTA

QUARTA-FEIRA DA 13ª SEMANA DO TEMPO COMUM

II-112

03/07 -SEXTA

SEXTA-FEIRA DA 13ª SEMANA DO TEMPO COMUM,
SÃO TOMÉ, APÓSTOLO

II-113 / IV-59

04/07 -SÁBADO

SÁBADO DA 13ª SEMANA DO TEMPO COMUM

II-114

05/07 -DOMINGO

14º DOMINGO DO TEMPO COMUM: ANO A

II-115

Am 2,6-10.13-16;
Sl 49(50),16bc-17.18-19.20-21.22-23 (R. 22a);
Mt 8,18-22.

Am 3,1-8; 4,11-12;
Sl 5,5-6.7.8 (R. 9a);
Mt 8,23-27.

Am 5,14-15.21-24;
Sl 49(50),7.8-9.10-11.12-13.16bc-17 (R. 23b);
Mt 8,28-34.

Am 7,10-17;
Sl 18(19),8.9.10.11 (R. 10b);
Mt 9,1-8.

Ef 2,19-22;
Sl 116(117),1-2 (R. Mc 16,15);
Jo 20,24-29.

Am 9,11-15;
Sl 84(85),9.11-12.13-14 (R. 9);
Mt 9,14-17.

Zc 9,9-10;
Sl 144(145),1-2.8-9.10-11.13cd-14 (R. 1b);
Rm 8,9.11-13;
Mt 11,25-30.

JULHO

06/07 - SEGUNDA

Segunda-feira da 14ª semana do Tempo Comum

II-118

07/07 - TERÇA

Terça-feira da 14ª semana do Tempo Comum

II-119

08/07 - QUARTA

Quarta-feira da 14ª semana do Tempo Comum

II-120

09/07 - QUINTA

Quinta-feira da 14ª semana do Tempo Comum

II-121

10/07 -SEXTA

Sexta-feira da 14ª semana do Tempo Comum

II-122

11/07 -SÁBADO

Sábado da 14ª semana do Tempo Comum,
São Bento, abade

II-123 / IV-60

12/07 -DOMINGO

15º Domingo do Tempo Comum: Ano A

II-124

Os 2,16-18.21-22;
Sl 144(145),2-3.4-5.6-7.8-9 (R. 8a);
Mt 9,18-26.

Os 8,4-7.11-13;
Sl 113B(115),3-4.5-6.7ab-8.9-10 (R. 9a);
Mt 9,32-38.

Os 10,1-3.7-8.12;
Sl 104(105),2-3.4-5.6-7 (R. 4b);
Mt 10,1-7.

Os 11,1-4.8c-9;
Sl 79(80),2ac e 3b.15-16 (R. 4b);
Mt 10,7-15.

Os 14,2-10;
Sl Sl 50(51),3-4.8-9.12-13.14 e 17 (R. 17b);
Mt 10,16-23.

Is 6,1-8;
Sl 92(93),1ab.1c-2.5 (R. 1a);
Mt 10,24-33.

Is 55,10-11;
Sl 64(65),10.11.12-13.14 (R. Lc 8,8);
Rm 8,18-23;
Mt 13,1-23.

13/07 - SEGUNDA

Segunda-feira da 15ª semana do Tempo Comum

II-127

14/07 - TERÇA

Terça-feira da 15ª semana do Tempo Comum

II-128

15/07 - QUARTA

Quarta-feira da 15ª semana do Tempo Comum

II-129

16/07 - QUINTA

Quinta-feira da 15ª semana do Tempo Comum,
Nossa Senhora do Carmo

II-130 / IV-61

17/07 -SEXTA

Sexta-feira da 15ª semana do Tempo Comum

II-131

18/07 -SÁBADO

Sábado da 15ª semana do Tempo Comum

II-132

19/07 -DOMINGO

16º Domingo do Tempo Comum: Ano A

II-133

Ex 1,8-14.22;
Sl 49(50),8-9.16bc-17.21 e 23 (R. 23b);
Mt 10,34-11,1.

Is 7,1-9;
Sl 47(48),2-3a.3b-4.5-6.7-8 (R. 9d);
Mt 11,20-24.

Is 10,5-7.13-16;
Sl 93(94),5-6.7-8.9-10.14-15 (R. 14a);
Mt 11,25-27.

Zc 2,14-17;
Lc 1,46-47.48-49.50-51.52-53.54-55 (R. Cf. 54b);
Mt 12,46-50.

Is 38,1-6.21-22.7-8.
Is 38,10.11.12.16 (R. cf. 17b);
Mt 12,1-8.

Mq 2,1-5;
Sl 9B(10),1-2.3-5.7-8.14 (R. 12b);
Mt 12,14-21.

Sb 12,13.16-19;
Sl 85(86),5-6.9-10.15-16ab (R. 5a);
Rm 8,26-27;
Mt 13,24-43.

20/07 - SEGUNDA

Segunda-feira da 16ª semana do Tempo Comum

II-136

21/07 - TERÇA

Terça-feira da 16ª semana do Tempo Comum

II-137

22/07 - QUARTA

Quarta-feira da 16ª semana do Tempo Comum,
Santa Maria Madalena

II-138 / IV-62

23/07 - QUINTA

Quinta-feira da 16ª semana do Tempo Comum

II-139

24/07 -SEXTA

Sexta-feira da 16ª semana do Tempo Comum

II-140

25/07 -SÁBADO

Sábado da 16ª semana do Tempo Comum,
São Tiago, apóstolo

II-141 / IV-63

26/07 -DOMINGO

17º Domingo do Tempo Comum: Ano A

II-142

Mq 6,1-4.6-8;
Sl 49(50),5-6.8-9.16bc-17.21 e 23 (R. 23b);
Mt 12,38-42.

Mq 7,14-15.18-20;
Sl 84(85),2-4.5-6.7-8 (R. 8a);
Mt 12,46-50.

Ct 3,1-4a ou 2Cor 5,14-17;
Sl 62(63),2.3-4.5-6.8-9 (R. 2b);
Jo 20,1-2.11-18.

Jr 2,1-3.7-8.12-13;
Sl 35(36),6-7ab.8-9.10-11 (R. 10a);
Mt 13,10-17.

Jr 3,14-17;
Jr 31,10.11-12ab.13 (R. cf. 10d);
Mt 13,18-23.

2Cor 4,7-15;
Sl 125(126),1-2ab.2cd-3.4-5.6 (R. 5);
Mt 20,20-28.

1Rs 3,5.7-12;
Sl 118(119),57.72.76-77.127-128.129-130 (R. 97a);
Rm 8,28-30;
Mt 13,44-52.

27/07 - SEGUNDA

Segunda-feira da 17ª semana do Tempo Comum

II-145

28/07 - TERÇA

Terça-feira da 17ª semana do Tempo Comum

II-146

29/07 - QUARTA

Quarta-feira da 17ª semana do Tempo Comum,
Santa Marta, Maria e Lázaro

II-147 / IV-65

30/07 - QUINTA

Quinta-feira da 17ª semana do Tempo Comum

II-148

31/07 -SEXTA

Sexta-feira da 17ª semana do Tempo Comum,
Santo Inácio de Loyola

II-149 / IV-66

01/08 -SÁBADO

Sábado da 17ª semana do Tempo Comum,
Santo Afonso Maria de Ligório

II-150 / IV-67

02/08 -DOMINGO

18º Domingo do Tempo Comum: Ano A

II-151

Jr 13,1-11;
Dt 32,18-19.20.21 (R. cf. 18a);
Mt 13,31-35.

Jr 14,17-22;
Sl 78(79),8.9.11 e 13 (R. 9bc);
Mt 13,36-43.

1Jo 4,7-16;
Sl 33(34),2-3.4-5.6-7.8-9.10-11 (R. 2a ou 9a);
Jo 11,19-27 ou Lc 10,38-42.

Jr 18,1-6;
Sl 145(146),1-2.3-4.5-6 (R. 5a);
Mt 13,47-53.

Jr 26,1-9;
Sl 68(69),5.8-10.14 (R. 14c);
Mt 13,54-58.

Jr 26,11-16.24;
Sl 68(69),15-16.30-31.33-34 (R. cf. 14);
Mt 14,1-12.

Is 55,1-3;
Sl 144(145),8-9.15-16.17-18 (R. cf. 16);
Rm 8,35.37-39;
Mt 14,13-21.

AGOSTO

03/08 - SEGUNDA

SEGUNDA-FEIRA DA 18ª SEMANA DO TEMPO COMUM

II-154

04/08 - TERÇA

TERÇA-FEIRA DA 18ª SEMANA DO TEMPO COMUM,

SÃO JOÃO MARIA VIANNEY

II-155 / IV-68

05/08 - QUARTA

QUARTA-FEIRA DA 18ª SEMANA DO TEMPO COMUM

II-156

06/08 - QUINTA

TRANSFIGURAÇÃO DO SENHOR

IV-70

07/08 -SEXTA

SEXTA-FEIRA DA 18ª SEMANA DO TEMPO COMUM

II-158

08/08 -SÁBADO

SÁBADO DA 18ª SEMANA DO TEMPO COMUM,

SÃO DOMINGOS

II-159 / IV-71

09/08 -DOMINGO

19º DOMINGO DO TEMPO COMUM: ANO A

III-160

Jr 28,1-17;
Sl 118(119),29.43.79.80.95.102 (R. 68b);
Mt 14,22-36.

Jr 30,1-2.12-15.18-22;
Sl 101(102),16-18.19-21.29e 22-23 (R. 20b);
Mt 15,1-2.10-14.

Jr 31,1-7;
Jr 31,10.11-12ab.13 (R. cf. 10d);
Mt 15,21-28.

Dn 7,9-10,13-14 ou 2Pd 1,16-19;
Sl 96(97),1-2.5-6.9 (R. 1a.9a);
Mt 17,1-9.

Na 2,1.3; 3,1-3.6-7;
Dt 32,35cd-36ab.39abcd.41 (R. 39c);
Mt 16,24-28.

Hab 1,12-2,4;
Sl 9A(9),8-9.10-11.12-13 (R. 11b).
Mt 17,14-20.

1Rs 19,9a.11-13a;
Sl 84(85),9ab-10.11-12.13-14 (R. 8);
Rm 9,1-5;
Mt 14,22-33.

AGOSTO

10/08 - SEGUNDA

SEGUNDA-FEIRA DA 19ª SEMANA DO TEMPO COMUM

III-163

11/08 - TERÇA

TERÇA-FEIRA DA 19ª SEMANA DO TEMPO COMUM

III-164

12/08 - QUARTA

QUARTA-FEIRA DA 19ª SEMANA DO TEMPO COMUM

III-165

13/08 - QUINTA

QUINTA-FEIRA DA 19ª SEMANA DO TEMPO COMUM

III-166

14/08 -SEXTA

SEXTA-FEIRA DA 19ª SEMANA DO TEMPO COMUM

III-167

15/08 -SÁBADO

SÁBADO DA 19ª SEMANA DO TEMPO COMUM

III-168

16/08 -DOMINGO

ASSUNÇÃO DE NOSSA SENHORA

IV-72/73

2Cor 9,6-10;
Sl 111(112),1-2.5-6.7-8.9 (R. 5a);
Jo 12,24-26.

Ez 2,8-3,4;
Sl 118(119),14.24.72.103.111.131 (R. 103a);
Mt 18,1-5.10.12-14.

Ez 9,1-7.10,18-22;
Sl 112(113),1-2.3-4.5-6 (R. 4b);
Mt 18,15-20.

Ez 12,1-12;
Sl 77(78),56-57.58-59.61-62;
Mt 18,21-19,1.

Ez 16,1-15.60.63;
Is 12,2-4.5-6 (R. 1c);
Mt 19,3-12.

Ez 18,1-10.13b.30-32;
Sl 50(51),12-13.14-15.18-19 (R. 12a);
Mt 19,13-15.

Ap 11,19a;12,1-6a.10ab;
Sl 44(45),10bc.11.12ab.16 (R. 10b);
1Cor 15,20-27a;
Lc 1,39-56..

17/08 - SEGUNDA

Segunda-feira da 20ª semana do Tempo Comum

III-172

18/08 - TERÇA

Terça-feira da 20ª semana do Tempo Comum

III-173

19/08 - QUARTA

Quarta-feira da 20ª semana do Tempo Comum

III-174

20/08 - QUINTA

Quinta-feira da 20ª semana do Tempo Comum

III-175

21/08 -SEXTA

Sexta-feira da 20ª semana do Tempo Comum,
São Pio X

III-176 / IV-74

22/08 -SÁBADO

Sábado da 20ª semana do Tempo Comum,
Nossa Senhora Rainha

III-177 / IV-75

23/08 -DOMINGO

21º Domingo do Tempo Comum: Ano A

III-178

Ez 24,15-24;
Dt 32,18-19.20.21 (R. cf. 18a);
Mt 19,16-22.

Ez 28,1-10;
Dt 32,26-27ab.27cd-28.30.35cd-36ab (R. 39c);
Mt 19,23-30.

Ez 34,1-11;
Sl 22(23),1-3a,3b-4.5.6 (R. 1);
Mt 20,1-16a.

Ez 36,23-28;
Sl 50(51),12-13.14-15.18-19 (R. Ez 36,25);
Mt 22,1-14.

Ez 37,1-14;
Sl 106(107),2-3.4-5.6-7.8-9 (R. 1);
Mt 22,34-40.

Is 9,1-6;
Sl 112(113),1-2.3-4.5-6.7-8 (R. 2);
Lc 1,26-38.

Is 22,19-23;
Sl 137(138),1-2a.2bc-3.6.8bc (R. 8bc);
Rm 11,33-36;
Mt 16,13-20.

AGOSTO

24/08 - SEGUNDA

Segunda-feira da 21ª semana do Tempo Comum,
São Bartolomeu, apóstolo

III-181 / IV-76

25/08 - TERÇA

Terça-feira da 21ª semana do Tempo Comum

III-182

26/08 - QUARTA

Quarta-feira da 21ª semana do Tempo Comum

III-183

27/08 - QUINTA

Quinta-feira da 21ª semana do Tempo Comum,
Santa Mônica

III-184 / IV-77

28/08 -SEXTA

Sexta-feira da 21ª semana do Tempo Comum,
Santo Agostinho

III-185 / IV-78

29/08 -SÁBADO

Martírio de São João Batista

IV-79

30/08 -DOMINGO

22º Domingo do Tempo Comum: Ano A

III-187

Ap 21,9b-14;
Sl 144(145),10-11.12-13ab.17-18 (R. cf. 12a);
Jo 1,45-51.

2Ts 2,1-3a.14-17;
Sl 95(96),10.11-12a.12b-13 (R. 13b);
Mt 23,13-22.

2Ts 3,6-10.16-18;
Sl 127(128),1-2.4-5 (R. 1a);
Mt 23,27-32.

1Cor 1,1-9;
Sl 144(145),2-3.4-5.6-7 (R. cf. 1b);
Mt 24,42-51.

1Cor 1,17-25;
Sl 32(33),1-2.4-5.10ab e 11 (R. 5b);
Mt 25,1-13.

Jr 1,17-19;
Sl 70(71),1-2.3-4a.5-6ab.15ab e 17 (R. 15a);
Mc 6,17-29.

Jr 20,7-9;
Sl 62(63),2.3-4.5-6.8-9 (R. 2b);
Rm 12,1-2;
Mt 16,21-27.

31/08 - SEGUNDA

SEGUNDA-FEIRA DA 22ª SEMANA DO TEMPO COMUM

III-190

01/09 - TERÇA

TERÇA-FEIRA DA 22ª SEMANA DO TEMPO COMUM

III-191

02/09 - QUARTA

QUARTA-FEIRA DA 22ª SEMANA DO TEMPO COMUM

III-192

03/09 - QUINTA

QUINTA-FEIRA DA 22ª SEMANA DO TEMPO COMUM

III-193

04/09 -SEXTA

SEXTA-FEIRA DA 22ª SEMANA DO TEMPO COMUM

III-194

05/09 -SÁBADO

SÁBADO DA 22ª SEMANA DO TEMPO COMUM

III-195

06/09 -DOMINGO

23º DOMINGO DO TEMPO COMUM: ANO A

III-196

1Cor 2,1-5;
Sl 118(119),97.98.99.100.101.102 (R. 97a);
Lc 4,16-30.

1Cor 2,10b-16;
Sl 144(145),8-9.10-11.12-13ab.13cd-14 (R. 17a);
Lc 4,31-37.

1Cor 3,1-9;
Sl 32(33),12-13.14-15.20-21 (R. 12b);
Lc 4,38-44.

1Cor 3,18-23;
Sl 23(24),1-2.3-4ab.5-6 (R. 1);
Lc 5,1-11.

1Cor 4,1-5;
Sl 36(37),3-4.5-6.27-28.39-40 (R. 39a);
Lc 5,33-39.

1Cor 4,6b-15;
Sl 144(145),17-18.19-20.21 (R. 18a);
Lc 6,1-5.

Ez 33,7-9;
Sl 94(95),1-2.6-7.8-9 (R. 8);
Rm 13,8-10;
Mt 18,15-20.

SETEMBRO

07/09 - SEGUNDA

SEGUNDA-FEIRA DA 23ª SEMANA DO TEMPO COMUM

III-199

08/09 - TERÇA

NATIVIDADE DE NOSSA SENHORA

IV-80

09/09 - QUARTA

QUARTA-FEIRA DA 23ª SEMANA DO TEMPO COMUM

III-201

10/09 - QUINTA

QUINTA-FEIRA DA 23ª SEMANA DO TEMPO COMUM

III-202

11/09 -SEXTA

SEXTA-FEIRA DA 23ª SEMANA DO TEMPO COMUM

III-203

12/09 -SÁBADO

SÁBADO DA 23ª SEMANA DO TEMPO COMUM

III-204

13/09 -DOMINGO

24º DOMINGO DO TEMPO COMUM: ANO A

III-205

1Cor 5,1-8;
Sl 5,5-6.7.12 (R. 9a);
Lc 6,6-11.

Mq 5,1-4a ou Rm 8,28-30;
Sl 70(71),6;Sl 12(13),6 (R. Is 61,10);
Mt 1,1-16.18-23.

1Cor 7,25-31;
Sl 44(45),11-12.14-15.16-17 (R. 11a);
Lc 6,20-26.

1Cor 8,1b-7.11-13;
Sl 138(139),1-3.13-14ab.23-24 (R. 24b);
Lc 6,27-38.

1Cor 9,16-19.22b-27;
Sl 83(84),3.4.5-6.12 (R. 2);
Lc 6,39-42.

1Cor 10,14-22;
Sl 115(116),12-13.17-18 (R. 17a);
Lc 6,43-49.

Eclo 27,30-28,7;
Sl 102(103),1-2.3-4.9-10.11-12 (R. 8);
Rm 14,7-9;
Mt 18,21-35.

14/09 - SEGUNDA

Exaltação da Santa Cruz

IV-81

15/09 - TERÇA

Nossa Senhora das Dores

IV-82

16/09 - QUARTA

Quarta-feira da 24ª semana do Tempo Comum

III-210

17/09 - QUINTA

Quinta-feira da 24ª semana do Tempo Comum

III-211

18/09 -SEXTA

Sexta-feira da 24ª semana do Tempo Comum

III-212

19/09 -SÁBADO

Sábado da 24ª semana do Tempo Comum

III-213

20/09 -DOMINGO

25º Domingo do Tempo Comum: Ano A

III-214

Nm 21,4b-9 ou Fl 2,6-11;
Sl 77(78),1-2.34-35.36-37.38 (R. cf. 7c);
Jo 3,13-17.

Hb 5,7-9;
Sl 30(31),2-3a.3bc-4.5-6.15-16.20 (R. 17b);
Jo 19,25-27 ou Lc 2,33-35.

1Cor 12,31-13,13;
Sl 32(33),2-3.4-5.12 e 22 (R. 12b);
Lc 7,31-35.

1Cor 15,1-11;
Sl 117(118),1-2.16ab-17.28 (R. 1);
Lc 7,36-50.

1Cor 15,12-20;
Sl 16(17),1.6-7.8b e 15 (R. 15b);
Lc 8,1-3.

1Cor 15,35-37.42-49;
Sl 55(56),10.11-12.13-14 (R. cf. 14c);
Lc 8,4-15.

Is 55,6-9;
Sl 144(145),2-3.8-9.17-18 (R. 18a);
Fl 1,20c-24.27a;
Mt 20,1-16a.

21/09 - SEGUNDA

Segunda-feira da 25ª semana do Tempo Comum,
São Mateus, apóstolo e evangelista

III-217 / IV-83

22/09 - TERÇA

Terça-feira da 25ª semana do Tempo Comum

III-218

23/09 - QUARTA

Quarta-feira da 25ª semana do Tempo Comum

III-219

24/09 - QUINTA

Quinta-feira da 25ª semana do Tempo Comum,
Nossa Senhora das Mercês

III-220 / IV-84

25/09 -SEXTA

Sexta-feira da 25ª semana do Tempo Comum

III-221

26/09 -SÁBADO

Sábado da 25ª semana do Tempo Comum

III-222

27/09 -DOMINGO

26º Domingo do Tempo Comum: Ano A

III-223

Ef 4,1-7.11-13;
Sl 18(19A),2-3.4-5 (R. 5a);
Mt 9,9-13.

Pr 21,1-6.10-13;
Sl 118(119),1.27.30.34.35.44 (R. 35a);
Lc 8,19-21.

Pr 30,5-9;
Sl 118(119),29.72.89.101.104.163 (R. 105a);
Lc 9,1-6.

Ecl 1,2-11;
Sl 89(90),3-4.5-6.12-13.14 (R. 1);
Lc 9,7-9.

Ecl 3,1-11;
Sl 143(144),1a e 2abc.3-4 (R. 1a);
Lc 9,18-22.

Ecl 11,9-12,8;
Sl 89(90),3-4.5-6.12-13.14 e 17 (R. 1);
Lc 9,43b-45.

Ez 18,25-28;
Sl 24,4bc-5.6-7.8-9 (R. 6a);
Fl 2,1-11;
Mt 21,28-32.

28/09 - SEGUNDA

SEGUNDA-FEIRA DA 26ª SEMANA DO TEMPO COMUM

III-226

29/09 - TERÇA

SANTOS MIGUEL, GABRIEL E RAFAEL, ARCANJOS

IV-85/86/87

30/09 - QUARTA

QUARTA-FEIRA DA 26ª SEMANA DO TEMPO COMUM

III-228

01/10 - QUINTA

QUINTA-FEIRA DA 26ª SEMANA DO TEMPO COMUM,
SANTA TERESA DO MENINO JESUS

I-229 / IV-88

02/10 -SEXTA

SANTOS ANJOS DA GUARDA

IV-89

03/10 -SÁBADO

SÁBADO DA 26ª SEMANA DO TEMPO COMUM

III-231

04/10 -DOMINGO

27º DOMINGO DO TEMPO COMUM: ANO A

III-232

Jó 1,6-22;
Sl 16(17),1.2-3.6-7 (R. 6b);
Lc 9,46-50.

Dn 7,9-10.13-14 ou Ap 12,7-12a;
Sl 137(138),1-2a.2bc-3.4-5 (R. 1c);
Jo 1,47-51.

Jó 9,1-12.14-16;
Sl 87(88),10bc-11.12-13.14-15 (R. 3a);
Lc 9,57-62.

Jó 19,21-27;
Sl 26(27),7-8a.8b-9abc.13-14 (R. 13);
Lc 10,1-12.

Ex 23,20-23a;
Sl 90(91),1-2.3-4.5-6.10-11 (R. 11);
Mt 18,1-5.10.

Jó 42,1-3.5-6.12-16;
Sl 118(119),66.71.75.91.125.130 (R. 135a);
Lc 10,17-24.

Is 5,1-7;
Sl 79(80),9.12.13-14.15-16.19-20 (R. Is 5,7a);
Fl 4,6-9;
Mt 21,33-43.

05/10 - SEGUNDA

Segunda-feira da 27ª semana do Tempo Comum

III-235

06/10 - TERÇA

Terça-feira da 27ª semana do Tempo Comum

III-236

07/10 - QUARTA

Quarta-feira da 27ª semana do Tempo Comum,
Nossa Senhora do Rosário

IV-92

08/10 - QUINTA

Quinta-feira da 27ª semana do Tempo Comum

III-238

09/10 -SEXTA

Sexta-feira da 27ª semana do Tempo Comum

III-239

10/10 -SÁBADO

Sábado da 27ª semana do Tempo Comum

III-240

11/10 -DOMINGO

28º Domingo do Tempo Comum: Ano A

III-241

Gl 1,6-12;
Sl 110(111),1-2.7-8.9 e 10c (R. 5b);
Lc 10,25-37.

Gl 1,13-24;
Sl 138(139),1-3.13-14ab.14c-15 (R. 24b);
Lc 10,38-42.

At 1,12-14
Lc 1,46-47.48-49.50-51.52-53.54-55 (R. 49);
Lc 1,26-38.

Gl 3,1-5;
Lc 1,69-70.71-72.73 e 75 (R. cf. 68);
Lc 11,5-13.

Gl 3,7-14;
Sl 110(111),1-2.3-4.5-6 (R. 5b);
Lc 11,15-26.

Gl 3,22-29;
Sl 104(105),2-3.4-5.6-7 (R. 8a);
Lc 11,27-28.

Is 25,6-10a;
Sl 22(23),1-3a.3b-4.5-6 (R. 6cd);
Fl 4,12-14.19-20;
Mt 22,1-14.

12/10 - SEGUNDA

Nossa Senhora da Conceição Aparecida

IV-93

13/10 - TERÇA

Terça-feira da 28ª semana do Tempo Comum

III-245

14/10 - QUARTA

Quarta-feira da 28ª semana do Tempo Comum

III-246

15/10 - QUINTA

Quinta-feira da 28ª semana do Tempo Comum,
Santa Teresa de Jesus

III-257 / IV-94

16/10 -SEXTA

Sexta-feira da 28ª semana do Tempo Comum

III-248

17/10 -SÁBADO

Sábado da 28ª semana do Tempo Comum

III-249

18/10 -DOMINGO

29º Domingo do Tempo Comum: Ano A

III-250

Est 5,1b-2;7,2b-3;
Sl 44(45),11-12a.12b-13.14-15a.15b-16 (R. 11.12a);
Ap 12,1.5.13a.15-16a;
Jo 2,1-11.

Gl 5,1-6;
Sl 118(119),41.43.44.45.47.48 (R. 41a);
Lc 11,37-41.

Gl 5,18-25;
Sl 1,1-2.3.4 e 6 (R. cf. Jo 8,12);
Lc 11,42-46.

Ef 1,1-10;
Sl 97(98),1.2-3ab.3cd-4.5-6 (R. 2a);
Lc 11,47-54.

Ef 1,11-14;
Sl 32(33),1-2.4-5.12-13 (R. 12b);
Lc 12,1-7.

Ef 1,15-23;
Sl 8,2-3a.4-5.6-7 (R. cf. 7);
Lc 12,8-12.

Is 45,1.4-6;
Sl 95(96),1.2a.3.4-5.7-8.9-10a.c (R. 7ab);
1Ts 1,1-5b;
Mt 22,15-21.

19/10 - SEGUNDA

Segunda-feira da 29ª semana do Tempo Comum

III-253

20/10 - TERÇA

Terça-feira da 29ª semana do Tempo Comum

III-254

21/10 - QUARTA

Quarta-feira da 29ª semana do Tempo Comum

III-255

22/10 - QUINTA

Quinta-feira da 29ª semana do Tempo Comum

III-256

23/10 -SEXTA

Sexta-feira da 29ª semana do Tempo Comum

III-257

24/10 -SÁBADO

Sábado da 29ª semana do Tempo Comum

III-258

25/10 -DOMINGO

30º Domingo do Tempo Comum: Ano A

III-259

Ef 2,1-10;
Sl 99(100),2.3.4.5 (R. 3b);
Lc 12,13-21.

Ef 2,12-22;
Sl 84(85),9ab-10.11-12.13-14 (R. cf. 9);
Lc 12,35-38.

Ef 3,2-12;
Is 12,2-3.4bcd.5-6 (R. cf. 3);
Lc 12,39-48.

Ef 3,14-21;
Sl 32(33),1-2.4-5.11-12.18-19 (R. 5b);
Lc 12,49-53.

Ef 4,1-6;
Sl 23(24),1-2.3-4ab.5-6 (R. cf. 6);
Lc 12,54-59.

Ef 4,7-16;
Sl 121(122),1-2.3-4a.4b-5 (R. cf. 1);
Lc 13,1-9.

Ex 22,20-26;
Sl 17(18),2-3a.3bc-4.47.51ab (R. 2);
1Ts 1,5c-10;
Mt 22,34-40.

26/10 - SEGUNDA

Segunda-feira da 30ª semana do Tempo Comum

III-262

27/10 - TERÇA

Terça-feira da 30ª semana do Tempo Comum

III-263

28/10 - QUARTA

Quarta-feira da 30ª semana do Tempo Comum,
Santos Simão e Judas Tadeu

III-264 / IV-96

29/10 - QUINTA

Quinta-feira da 30ª semana do Tempo Comum

III-265

30/10 -SEXTA

Sexta-feira da 30ª semana do Tempo Comum

III-266

31/10 -SÁBADO

Sábado da 30ª semana do Tempo Comum

III-267

01/11 -DOMINGO

Todos os Santos

IV-97

Ef 4,32-5,8;
Sl 1,1-2.3.4 e 6 (R: cf. Ef 5,1);
Lc 13,10-17.

Ef 5,21-33;
Sl 127(128),1-2.3.4-5 (R. 1a);
Lc 13,18-21.

Ef 2,19-22;
Sl 18(19A),2-3.4-5 (R. 5a);
Lc 6,12-19.

Ef 6,10-20;
Sl 143(144),1.2.9-10 (R. 1a);
Lc 13,31-35.

Fl 1,1-11;
Sl 110(111),1-2.3-4.5-6 (R. 2a);
Lc 14,1-6.

Fl 1,18b-26;
Sl 41(42),2.3.5bcd (R. 3a);
Lc 14,1.7-11.

Ap 7,2-4.9-14;
Sl 23(24),1-2.3-4ab.5-6 (R. cf. 6);
1Jo 3,1-3;
Mt 5,1-12a.

NOVEMBRO

02/11 - SEGUNDA

Comemoração de Todos os Fiéis Defuntos

IV-98

03/11 - TERÇA

Terça-feira da 31ª semana do Tempo Comum

III-272

04/11 - QUARTA

Quarta-feira da 31ª semana do Tempo Comum

III-273

05/11 - QUINTA

Quinta-feira da 31ª semana do Tempo Comum

III-274

06/11 -SEXTA

Sexta-feira da 31ª semana do Tempo Comum

III-275

07/11 -SÁBADO

Sábado da 31ª semana do Tempo Comum

III-276

08/11 -DOMINGO

32º Domingo do Tempo Comum, Ano A

III-277

Jó 19,1.23-27a;
Sl 23(24),1-2.3-4ab.5-6 (R. cf. 6);
1Cor 15,20-24a.25-28;
Lc 12,35-40.

Fl 2,5-11;
Sl 21(22),26b-27.28-30a.31-32 (R. 26a);
Lc 14,15-24.

Fl 2,12-18;
Sl 26(27),1.4.13-14 (R. 1a);
Lc 14,25-33.

Fl 3,3-8a;
Sl 104(105),2-3.4-5.6-7 (R. 3b);
Lc 15,1-10.

Fl 3,17-4,1;
Sl 121(122),1-2.3-4a.4b-5 (R. 1);
Lc 16,1-8.

Fl 4,10-19;
Sl 111(112),1-2.5-6.8a e 9 (R. 1a);
Lc 16,9-15.

Sb 6,12-16;
Sl 62(63),2.3-4.5-6.7-8 (R. 2b);
1Ts 4,13-18;
Mt 25,1-13.

NOVEMBRO

09/11 - SEGUNDA

Segunda-feira da 32ª semana do Tempo Comum,
Dedicação da Basílica de Latrão

III-280 / IV-99

10/11 - TERÇA

Terça-feira da 32ª semana do Tempo Comum

III-281

11/11 - QUARTA

Quarta-feira da 32ª semana do Tempo Comum

III-282

12/11 - QUINTA

Quinta-feira da 32ª semana do Tempo Comum

III-283

13/11 -SEXTA

Sexta-feira da 32ª semana do Tempo Comum

III-284

14/11 -SÁBADO

Sábado da 32ª semana do Tempo Comum

III-285

15/11 -DOMINGO

33º Domingo do Tempo Comum, Ano A

III-286

Ez 47,1-2.8-9.12;
Sl 45(46),2-3.5-6.8-9 (R. 5);
Jo 2,13-22.

Tt 2,1-8.11-14;
Sl 36(37),3-4.18-23.27 e 29 (R. 39a);
Lc 17,7-10.

Tt 3,1-7;
Sl 22(23),1-3a.3b-4.5.6 (R. 1);
Lc 17,11-19.

Fm 1,7-20;
Sl 145(146),7.8-9a.9bc-10 (R. 5a);
Lc 17,20-25.

2Jo 4-9;
Sl 118(119),1.2.10.11.17.18 (R. 1b);
Lc 17,26-37.

3Jo 5-8;
Sl 111(112),1-2.3-4.5-6 (R. 1);
Lc 18,1-8.

Pr 31,10-13.19-20.30-31;
Sl 127(128),1-2.3.4-5ab (R. cf. 1a);
1Ts 5,1-6;
Mt 25,14-30.

16/11 - SEGUNDA

Segunda-feira da 33ª semana do Tempo Comum

III-289

17/11 - TERÇA

Terça-feira da 33ª semana do Tempo Comum

III-290

18/11 - QUARTA

Quarta-feira da 33ª semana do Tempo Comum

III-291

19/11 - QUINTA

Quinta-feira da 33ª semana do Tempo Comum

III-292

20/11 -SEXTA

Sexta-feira da 33ª semana do Tempo Comum

III-293

21/11 -SÁBADO

Apresentação de Nossa Senhora

IV-100

22/11 -DOMINGO

Jesus Cristo, Rei do Universo

III-295

Ap 1,1-4; 2,1-5a;
Sl 1,1-2.3.4 e 6 (R. Ap 2,7b);
Lc 18,35-43.

Ap 3,1-6.14-22;
Sl 14(15),1a e 2-3ab.3cd-4ab.5 (R. Ap 3,21);
Lc 19,1-10.

Ap 4,1-11;
Sl 150,1-2.3-4.5-6 (R. Ap 4,8b);
Lc 19,11-28.

Ap 5,1-10;
Sl 149,1-2.3-4.5-6a e 9b (R. Ap 5,10);
Lc 19,41-44.

Ap 10,8-11;
Sl 118(119),14.24.72.103.111.131 (R. 103a);
Lc 19,45-48.

Zc 2,14-17;
Lc 1,46-47.48-49.50-51.52-53.54-55 (R. cf. 54b);
Mt 12,46-50.

Ez 34,11-12.15-17;
Sl 22(23),1-2a.2b-3.5-6 (R. 1);
1Cor 15,20-26.28;
Mt 25,31-46.

23/11 - SEGUNDA

SEGUNDA-FEIRA DA 34ª SEMANA DO TEMPO COMUM

III-296

24/11 - TERÇA

TERÇA-FEIRA DA 34ª SEMANA DO TEMPO COMUM

III-297

25/11 - QUARTA

QUARTA-FEIRA DA 34ª SEMANA DO TEMPO COMUM

III-298

26/11 - QUINTA

QUINTA-FEIRA DA 34ª SEMANA DO TEMPO COMUM

III-299

27/11 -SEXTA

SEXTA-FEIRA DA 34ª SEMANA DO TEMPO COMUM

III-300

28/11 -SÁBADO

SÁBADO DA 34ª SEMANA DO TEMPO COMUM

III-301

29/11 -DOMINGO

1º DOMINGO DO ADVENTO: ANO B

I-1A

Ap 14,1-3.4b-5;
Sl 23(24),1-2.3-4ab.5-6 (R. cf. 6);
Lc 21,1-4.

Ap 14,14-19;
Sl 95(96),10.11-12.13 (R. 13b);
Lc 21,5-11.

Ap 15,1-4;
Sl 97(98),1.2-3ab.7-8.9 (R. Ap 15,3b);
Lc 21,12-19.

Ap 18,1-2.21-23; 19,1-3.9a;
Sl 99(100),2.3.4.5 (R. Ap 19,9a);
Lc 21,20-28.

Ap 20,1-4.11-21,2;
Sl 83(84),3.4.5-6a e 8a (R. Ap 21,3b);
Lc 21,29-33.

Ap 22,1-7;
Sl 94(95),1-2.3-5.6-7 (R. 1Cor 16,22b e Ap 22,20c);
Lc 21,34-36.

Is 63,16b-17.19b; 64,2b-7;
Sl 79(80),2ac.3b.15-16.18-19 (R. 4);
1Cor 1,3-9;
Mc 13,33-37.

30/11 - SEGUNDA

Segunda-feira da 1ª semana do Advento,
São André, apóstolo

I-2A / IV-101/2

01/12 - TERÇA

Terça-feira da 1ª semana do Advento

I-3A / IV-103

02/12 - QUARTA

Quarta-feira da 1ª semana do Advento

I-4A / IV-104

03/12 - QUINTA

Quinta-feira da 1ª semana do Advento,
São Francisco Xavier

I-5A / IV-105/6

04/12 -SEXTA

Sexta-feira da 1ª semana do Advento

I-6A / IV-107

05/12 -SÁBADO

Sábado da 1ª semana do Advento

I-7A / IV-108

06/12 -DOMINGO

2º Domingo do Advento: Ano B

I-8A / IV-110

Rm 10,9-18;
Sl 18(19A),2-3.4-5 (R. 5a);
Mt 4,18-22.

Is 11,1-10;
Sl 71(72),1-2.7-8.12-13.17 (R. cf. 7);
Lc 10,21-24.

Is 25,6-10a;
Sl 22(23),1-3a.3b-4.5.6 (R. 6cd);
Mt 15,29-37.

Is 26,1-6;
Sl 117(118),1.8-9.19-21.25-27a (R. 26a);
Mt 7,21.24-27.

Is 29,17-24;
Sl 26(27),1.4.13-14 (R. 1a);
Mt 9,27-31.

Is 30,19-21.23-26;
Sl 146(147A),1-2.3-4.5-6 (R. Is 30,18);
Mt 9,35-10,1.5a.6-8.

Is 40,1-5.9-11;
Sl 84(85),9ab-10.11-12.13-14 (R. 8);
2Pd 3,8-14;
Mc 1,1-8.

07/12 - SEGUNDA

Segunda-feira da 2ª semana do Advento

I-11A / IV-111

08/12 - TERÇA

Imaculada Conceição de Nossa Senhora

IV-112

09/12 - QUARTA

Quarta-feira da 2ª semana do Advento

I-111A

10/12 - QUINTA

Quinta-feira da 2ª semana do Advento,
Nossa Senhora de Loreto

I-12A / IV-113

11/12 -SEXTA

Sexta-feira da 2ª semana do Advento

I-13A

12/12 -SÁBADO

Sábado da 2ª semana do Advento,
Nossa Senhora de Guadalupe

I-14A / IV-114

13/12 -DOMINGO

3º Domingo do Advento: Ano B

I-15A

Is 35,1-10;
Sl 84(85),9ab-10.11-12.13-14 (R. Is 35,4d);
Lc 5,17-26.

Gn 3,9-15.20;
Sl 97(98),1.2-3ab.3cd-4 (R. 1a);
Ef 1,3-6.11-12;
Lc 1,26-38.

Is 40,25-31;
Sl 102(103),1-2.3-4.8.10 (R. 1a);
Mt 11,28-30.

Is 41,13-20;
Sl 144(145),1.9.10-11.12-13ab (R. 8);
Mt 11,11-15.

Is 48,17-19;
Sl 1,1-2.3.4 e 6 (R. cf. Jo 8,12);
Mt 11,16-19.

Gl 4,4-7;
Sl 95(96),1-2a.2b-3.10 (R. 3a);
Lc 1,39-47.

Is 61,1-2a.10-11;
Lc 1,46-48.49-50.53-54 (R. Is 61,10b);
1Ts 5,16-24;
Jo 1,6-8.19-28.

14/12 - SEGUNDA

SEGUNDA-FEIRA DA 3ª SEMANA DO ADVENTO

I-16A

15/12 - TERÇA

TERÇA-FEIRA DA 3ª SEMANA DO ADVENTO

I-17A

16/12 - QUARTA

QUARTA-FEIRA DA 3ª SEMANA DO ADVENTO

I-18A

17/12 - QUINTA

QUINTA-FEIRA DA 3ª SEMANA DO ADVENTO

I-19A

18/12 -SEXTA

SEXTA-FEIRA DA 3ª SEMANA DO ADVENTO

I-20A

19/12 -SÁBADO

SÁBADO DA 3ª SEMANA DO ADVENTO

I-24A

20/12 -DOMINGO

4º DOMINGO DO ADVENTO: ANO B

I-25A

Nm 24,2-7.15-17a;
Sl 24(25),4bc-5ab.6-7bc.8-9 (R. 4b);
Mt 21,23-27.

Sf 3,1-2.9-13;
Sl 33(34),2-3.6-7.17-18.19 e 23 (R. 7a);
Mt 21,28-32.

Is 45,6b-8.18.21b-25;
Sl 84(85),9ab-10.11-12.13-14 (R. cf. Is 45,8);
Lc 7,19-23.

Gn 49,2.8-10;
Sl 71(72),1-2.3-4ab.7-8.17 (R. cf. 7);
Mt 1,1-17.

Jr 23,5-8;
Sl 71(72),1-2.12-13.18-19 (R. cf. 7);
Mt 1,18-24.

Jz 13,2-7.24-25a;
Sl 70(71),3-4a.5-6ab.16-17 (R. cf. 8a);
Lc 1,5-25.

2Sm 7,1-5.8b-12.14a.16;
Sl 88(89),2-3.4-5.27.29 (R. 2a);
Rm 16,25-27;
Lc 1,26-38.

DEZEMBRO

21/12 - SEGUNDA

SEGUNDA-FEIRA DA 4ª SEMANA DO ADVENTO

I-26A

22/12 - TERÇA

TERÇA-FEIRA DA 4ª SEMANA DO ADVENTO

I-27A

23/12 - QUARTA

QUARTA-FEIRA DA 4ª SEMANA DO ADVENTO

I-28A

24/12 - QUINTA

QUINTA-FEIRA DA 4ª SEMANA DO ADVENTO

I-29A

25/12 -SEXTA

NATAL DO SENHOR

I-30A

26/12 -SÁBADO

SÁBADO DA OITAVA DO NATAL,
SANTO ESTÊVÃO, PROTOMÁRTIR

I-32A

27/12 -DOMINGO

DOMINGO DA OITAVA DO NATAL,
SAGRADA FAMÍLIA DE JESUS, MARIA E JOSÉ

I-31A

Ct 2,8-14 ou Sf 3,14-18a;
Sl 32(33),2-3.11-12.20-21 (R. 1a e 3a);
Lc 1,39-45.

1Sm 1,24-28;
1Sm 2,1.4-5.6-7.8abcd (R. 1a);
Lc 1,46-56.

Ml 3,1-4.23-24;
Sl 24(25),4-5ab.8-9.10 e 14 (R. Lc 21,28);
Lc 1,57-66.

2Sm 7,1-5.8b-12.14a.16;
Sl 88(89),2-3.4-5.27 e 29 (R. 2a);
Lc 1,67-79.

Is 52,7-10;
Sl 97(98),1.2-3ab.3cd-4.5-6 (R. 3cd);
Hb 1,1-6;
Jo 1,1-18.

At 6,8-10; 7,54-59;
Sl 30(31),3cd-4.6 e 8ab.16bc e 17 (R. 6a);
Mt 10,17-22.

Eclo 3,3-7.14-17a;
Sl 127(128),1-2.3.4-5 (R. cf.1);
Cl 3,12-21;
Lc 2,22-40.

DEZEMBRO

28/12 - SEGUNDA

Segunda-feira da Oitava do Natal,
Santos Inocentes, mártires

I-34A

29/12 - TERÇA

Terça-feira da Oitava do Natal

I-35A

30/12 - QUARTA

Quarta-feira da Oitava do Natal

I-36A

31/12 - QUINTA

Quinta-feira da Oitava do Natal

I-3A

01/01 -SEXTA

Santa Maria, Mãe de Deus

I-38A / IV-1

02/01 -SÁBADO

Sábado antes da Epifania

I-40A

03/01 -DOMINGO

Epifania do Senhor

I-44A

1Jo 1,5-2,2;
Sl 123(124),2-3.4-5.7b-8 (R. 7a);
Mt 2,13-18.

1Jo 2,3-11;
Sl 95(96),1-2a.2b-3.5b-6 (R. 11a);
Lc 2,22-35.

1Jo 2,12-17;
Sl 95(96),7-8a.8b-9.10 (R. 11a);
Lc 2,36-40.

1Jo 2,18-21;
Sl 95(96),1-2.11-12.13 (R. 11a);
Jo 1,1-18.

Nm 6,22-27;
Sl 66(67),2-3.5.6.8 (R. 2a);
Gl 4,4-7;
Lc 2,16-21.

1Jo 2,22-28;
Sl 97(98),1.2-3ab.3cd-4 (R. 3a);
Jo 1,19-28.

Is 60,1-6;
Sl 71(72),1-2.7-8.10-11.12-13 (R. cf. 11);
Ef 3,2-3a.5-6;
Mt 2,1-12.